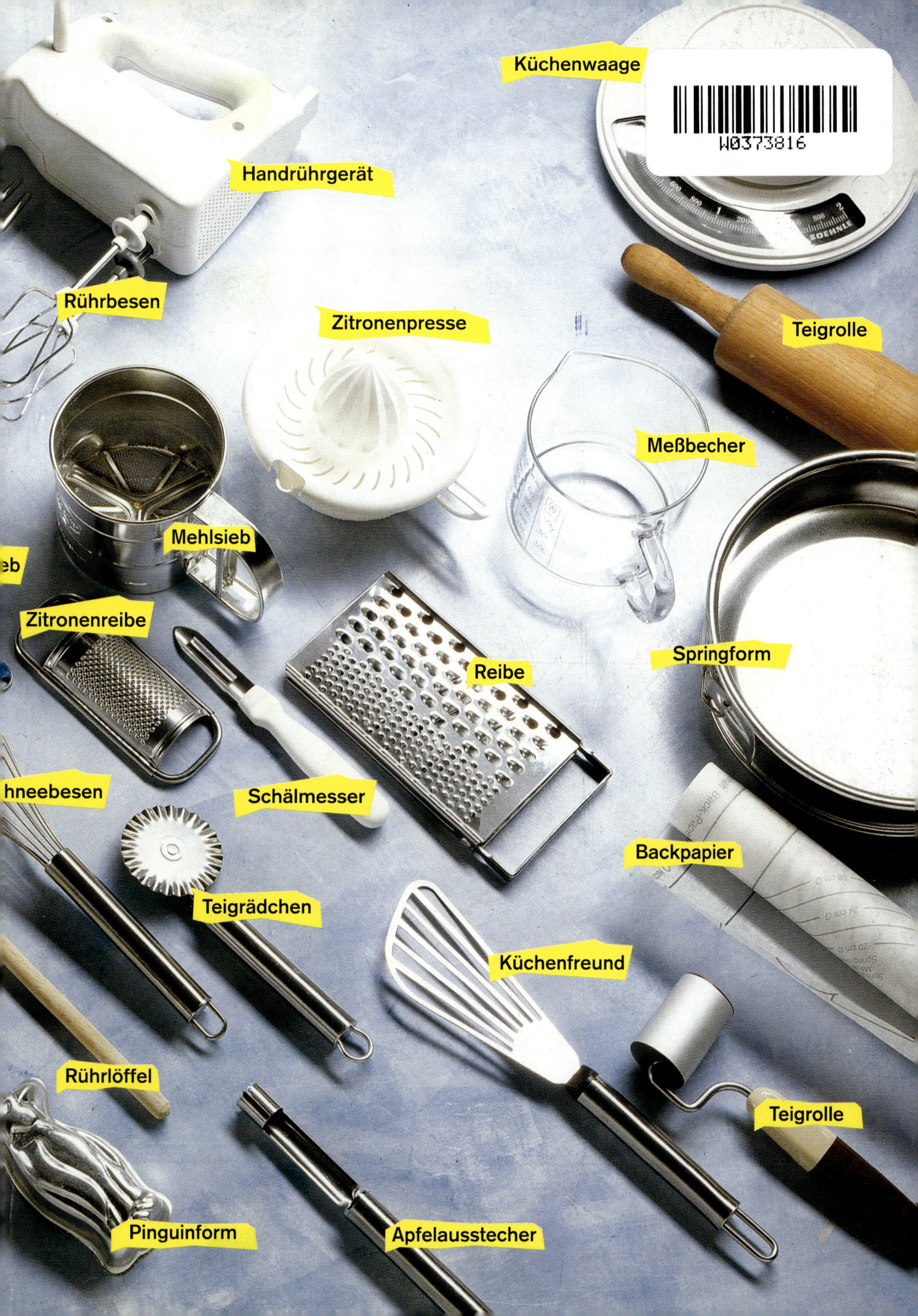
Küchenwaage
Handrührgerät
Rührbesen
Zitronenpresse
Teigrolle
Meßbecher
Mehlsieb
eb
Zitronenreibe
Springform
Reibe
hneebesen
Schälmesser
Backpapier
Teigrädchen
Küchenfreund
Rührlöffel
Teigrolle
Pinguinform
Apfelausstecher

DR. OETKER
Kinder
Backbuch

DR. OETKER Kinder Backbuch

CERES

Hallo Kinder!

Wißt Ihr, was absolut toll ist und riesigen Spaß macht? Selber backen! Jawohl – nicht mehr nur Schüsseln ausschlecken, sondern selber zum Rührbesen greifen und die köstlichsten Dinge aus dem Ofen zaubern.
Neben Geburtstag, Weihnachten usw. gibt es schließlich 1000 Gründe, um ein paar Freunde zum Spielen und zum selbstgemachten Kuchen einzuladen.

In diesem Buch findet Ihr viele kinderleichte, originelle und auch gesunde Rezepte, die Euch bestimmt beim Durchblättern schon Appetit machen.
Stürzt Euch aber lieber erst mal mit Muttis oder Papis Hilfe aufs Backen, denn so ein Backofen kann schon gefährlich heiß sein.
Bestimmt kommt Ihr bald auf den „Back-Geschmack“ und habt eigene Ideen, was man so alles machen kann.

Also dann,
auf die Plätzchen fertig los . . .

Diese Seite haben wir nicht mehr geschafft auszumalen.
Vielleicht kannst Du uns helfen!

Apfel im Schlafrock

Dazu brauchst Du:

Für den Teig:
375 g Weizenmehl (Type 405)
1 Messerspitze Backpulver
200 g kalte Butter oder Margarine
100 g Puderzucker
1 Prise Salz / 1 Ei

Für die Füllung:
50 g Butter
50 g abgezogene, gehackte Mandeln
30 g Zucker
100 g Sultaninen
6 mittelgroße säuerliche Äpfel, z.B. Boskop (je 150 g)

Zum Bestreichen: 1 Ei

Zum Garnieren:
3 EL Puderzucker

Stelle bereit:

1 Rührschüssel
1 Mehlsieb
1 Handrührgerät mit Knethaken
Alufolie
1 Pfanne
1 Holzlöffel
1 Sparschäler
1 Apfelausstecher
1 Teigrolle
1 Backpinsel
1 Backblech
Backpapier
1 Puderzuckersieb

Nicht daß Du denkst der Apfel friert. Er ist nur eitel und zieht sich seinen Teigschlafrock an. Deshalb schmecken eitle Äpfel auch so wahnsinnig gut!

So wird's gemacht:

Für den Teig mische Mehl mit Backpulver und siebe es in die Rührschüssel. Füge die anderen Zutaten hinzu. Verarbeite alles mit dem Handrührgerät mit Knethaken zu einem krümeligen Teig. Knete diesen auf der Arbeitsfläche nochmals gründlich durch. Forme den Teig zu einem Rechteck. Wickele das Teigrechteck in ein Stück Alufolie und lege es mindestens 2-3 Stunden in den Kühlschrank.
Für die Füllung laß in einer Pfanne die Butter hell bräunen. Füge Mandeln, Zucker und Sultaninen hinzu. Rühre die Masse mit dem Holzlöffel, bis sie goldbraun gefärbt ist. Stelle die Füllung zum Abkühlen an die Seite.
Wasche die Äpfel und schäle sie. Mit dem Apfelausstecher bohre von oben (Apfelblüte) nach unten (Apfelstengel) eine Röhre.
Nimm den Teig aus dem Kühlschrank und teile ihn in 6 Portionen. Bestreue die Arbeitsfläche mit Mehl und rolle jedes Teigstück etwa 3 mm dick aus. Dann setze den Apfel auf das Teigstück. Fülle in die Apfelröhre die goldbraune Mandel-Sultaninen-Masse.
Gib das Ei auf einen kleinen Teller und verschlage es mit einer Gabel. Streiche das Ei mit dem Backpinsel ringsum, etwa 2 cm breit, auf die Teigränder. Dann hebe vorsichtig den Teig hoch und drücke ihn an den Apfel. Der Apfel muß von dem Teig bedeckt sein. Streiche zuletzt das restliche Ei über den Teig. Setze die Äpfel im Schlafrock auf das mit Backpapier belegte Backblech. Schiebe das Backblech in den Backofen und laß die Äpfel im Schlafrock hellbraun backen. Wenn die Äpfel abgekühlt sind, bestäube sie mit dem Puderzucker. Verteile die restliche Mandel-Sultaninen-Masse um die Äpfel im Schlafrock.

Backofen-Einstellung:
Ober-/Unterhitze: etwa 200 °C (vorgeheizt)
Heißluft: etwa 180 °C (nicht vorgeheizt)
Gas: Stufe 3-4 (vorgeheizt)
Backzeit: 30-40 Minuten.

Das paßt dazu: Heiße oder kalte Vanillesauce.

TIP

Ich würde die Alufolie der Umwelt zuliebe nicht nehmen. Lege den Teig auf einen flachen Teller und decke diesen mit einem tiefen Teller darüber zu.

Pi-Pa-Pinguin

Dazu brauchst Du:

Zum Einfetten/Ausstreuen:
Butter/Semmelbrösel

Für den Teig:
250 g weiche Butter oder Margarine
250 g feinkörnigen Zucker
1 Päckchen Vanillin-Zucker oder das ausgekratzte Mark von 1 Vanilleschote
1 Prise Jodsalz
4-5 Eier
375 g Weizenmehl (Type 1050)
2 gestrichene TL Backpulver
125 ml (1/8 l) Vollmilch

Zum Garnieren der Pinguine:
250 g Puderzucker
2 EL Zitronensaft
1-2 EL Wasser
Back- und Speisefarben
Kakao
Gebäckschmuck, z.B. Zuckerstreusel
Puderzucker

Stelle bereit:

1 große Pinguinform (Länge: etwa 30 cm, Breite: etwa 14 cm)

Pinguine leben weit weg irgendwo im Eismeer. Sie vertragen nämlich keine Hitze. Diese Pinguine dagegen fahren voll auf Hitze – nämlich Backofenhitze – ab.

3 kleine Pinguinformen (Länge: etwa 11,5 cm, Breite: etwa 5,5 cm)
1 große Rührschüssel
1 Handrührgerät mit Rührbesen
1 Teigschaber
1 Kuchenrost
1 kleine Schüssel
1 Backpinsel
1 Puderzuckersieb

So wird's gemacht:

Streue die Pinguinbackformen mit Semmelbröseln aus. Für den Teig gib Butter oder Margarine, Zucker, Vanillin-Zucker oder Vanillemark und Salz in die Schüssel und rühre die Zutaten mit dem Handrührgerät mit Rührbesen schaumig. Füge jedes Ei einzeln unter

Rühren hinzu. Mische Mehl mit Backpulver, gib es auf die Masse und rühre es unter. Gieße unter Rühren langsam die Milch in die Schüssel, bis der Teig schwer reißend vom Löffel fällt. Fülle in jede kleine Pinguinform 1 gehäuften Eßlöffel Teig.

Den Rest Teig gib in die große Pinguinform und streiche mit dem Teigschaber die Teigoberflächen in den Backformen glatt.

Schiebe die Formen auf dem Rost in den Backofen. Löse die gebackenen Pinguine vorsichtig aus der Form und lasse sie auf einem Kuchenrost etwas abkühlen.

Verrühre Puderzucker mit Zitronensaft und Wasser zu einer cremigen Masse. Färbe sie mit Back- und Speisefarben und bemale die Pinguine damit. Für die dunkle Farbe verrühre den Puderzuckerguß mit etwas Kakao. Verziere die Pinguine z.B. mit Zuckerstreuseln. Bestäube die Pinguine noch mit etwas Puderzucker, damit sie schön verschneit aussehen.

Backofen-Einstellung
Ober-/Unterhitze: 170-200 °C
(nicht vorgeheizt)
Heißluft: 150-170 °C
(nicht vorgeheizt)
Gas: etwa Stufe 3
(nicht vorgeheizt)
Backzeit für die kleinen Pinguine: etwa 15 Minuten
Backzeit für den großen Pinguin: etwa 35 Minuten.

TIP

Falls Du die Vanilleschote verwendest, gib die Hälften in ein kleines Schraubglas mit Zucker. So hast Du selbsthergestellten Vanille-Zucker.

Party-Power-Picks

Dazu brauchst Du:

150 g Weizenmehl (Type 405)
100 g kalte Butter
100 g fettarmen Joghurt
100 g feingeriebenen Käse
(mittelalten Gouda)
½ gestrichenen TL Jodsalz

Diese Party-Power-Picks sind so klasse, daß – wie man sieht – gleich zwei an ihnen rum-knabbern möchten!

Zum Garnieren:
1-2 Eigelb
1-2 EL Milch
Mohn
Kümmel
geriebenen Käse

Stelle bereit:

1 Rührschüssel
1 Mehlsieb
1 Handrührgerät mit Knethaken
Frischhaltefolie
1 Teigrolle
1 Teigrädchen
1 Backblech
Backpapier
1 Backpinsel

So wird's gemacht:

Siebe das Mehl in die Rührschüssel. Füge die Butter in Flöckchen, Joghurt, geriebenen Käse und Jodsalz hinzu und verrühre die Zutaten mit dem Handrührgerät mit Knethaken zu einem krümeligen Teig. Knete diesen auf der bemehlten Arbeitsfläche mit den Händen nochmals gut durch. Klebt er an den Fingern, dann greife in die Mehltüte und streue etwas Mehl über den Teig. Wickele den Teig in Folie und lege ihn etwa 1 Stunde in den Kühlschrank. Rolle den Teig auf der bemehlten Arbeitsfläche etwa ½ cm dick aus. Schneide mit dem Teigrädchen oder einem Messer etwa 2 cm breite und 10 cm lange Streifen aus. Wenn Du Lust hast, kannst Du die Streifen zu einer Spirale drehen, das eine Ende nach links, das andere nach rechts. Lege die Stangen auf ein mit Backpapier belegtes Backblech.

Verrühre das Eigelb mit der Milch und streiche es mit dem Backpinsel auf die Teigstangen. Bestreue die Party-Power-Picks mit Mohn, Kümmel oder geriebenem Käse. Schiebe das Backblech in den Backofen.

Backofen-Einstellung:
Ober-/Unterhitze: etwa 200 °C (vorgeheizt)
Heißluft: etwa 180 °C (nicht vorgeheizt)
Gas: Stufe 3-4 (vorgeheizt)
Backzeit: etwa 10 Minuten.

TIP

Die Party-Power-Picks nicht zu dunkel backen, dann schmecken sie bitter! Wohin mit dem Eiweiß? Vielleicht gibt es heute zum Abendbrot Rühreier oder Omeletts, dann gibst Du das Eiweiß dazu!

Osterhasen und -enten

Dazu brauchst Du:

Für den Teig:
250 g Magerquark
200 ml Milch
100 ml Sonnenblumenöl
1 Ei
80 g feinkörnigen Zucker
1 Päckchen Vanillin-Zucker
1 Messerspitze Jodsalz
500 g Weizenmehl (Type 405)
½ Päckchen Backpulver

Zum Garnieren der Hasen und Enten:
1 Eigelb
1 EL Milch
Hagelzucker oder grobgehackte Mandeln, Perlenzucker, Zuckerstreusel
oder verziere nach Deiner eigenen Phantasie!

Stelle bereit:

1 große Rührschüssel
1 Handrührgerät mit Knethaken
1 Mehlsieb
1 Teigrolle
evtl. 1 Hasenförmchen (zum Ausstechen)
evtl. 1 Entenförmchen (zum Ausstechen)
1 Backblech
Backpapier
1 Backpinsel
1 Kuchenrost

Seitdem die Enten mitgekriegt haben, daß sämtliche Hasen zu Ostern kurz vorm Nervenzusammenbruch stehen, haben sie beschlossen, ihnen zu helfen. Schließlich verstehen Enten auch was von Eiern.

So wird's gemacht:

Gib Quark, Milch und Öl in die Schüssel und verrühre die Zutaten mit dem Handrührgerät mit Knethaken. Füge Ei, Zucker, Vanillin-Zucker und Salz unter Rühren hinzu.
Mische Mehl mit Backpulver und siebe es unter Rühren dazu. Knete anschließend mit Deinen Händen einen glatten Teig.
Rolle den Teig auf der bemehlten Arbeitsfläche etwa 3 mm dick aus und steche mit den

Förmchen Hasen und Enten aus. Wenn Du keine Förmchen hast, forme Osterhasen und -enten nach Deinen eigenen Vorstellungen. Lege die Hasen und Enten auf das mit Backpapier belegte Backblech. Verrühre das Eigelb mit der Milch und streiche es mit Hilfe des Backpinsels auf die Figuren. Bestreue sie mit Hagelzucker oder den anderen Garnierzutaten. Schiebe das Blech in den Backofen, laß die Hasen und Enten etwa 10 Minuten goldgelb backen und lege sie zum Abkühlen auf den Kuchenrost.

Backofen-Einstellung:
Ober-/Unterhitze: etwa 200 °C (vorgeheizt),
Heißluft: etwa 180 °C (nicht vorgeheizt)
Gas: Stufe 3-4 (vorgeheizt)
Backzeit: etwa 10 Minuten.

TIP

Du kannst die Osterhasen und -enten auch mit Speisefarben bemalen!

Osterhasen-Lieblingstörtchen

(15 Törtchen)

Dazu brauchst Du:

Zum Einfetten der Torteletts:
Butter

Für den Teig:
375 g Weizenmehl (Type 405)
250 g kalte Butter
125 g Zucker
1 Päckchen Vanillin-Zucker
1 Prise Salz
1 Ei

Zum Garnieren:
15 halbe Pfirsiche aus dem Glas oder aus der Dose
2 Päckchen Tortenguß klar
250 ml (¼ l) Schlagsahne
1 Päckchen Vanillin-Zucker
1 Päckchen Sahnesteif
100 g feingehackte Pistazienkerne

Stelle bereit:

1 Rührschüssel/1 Mehlsieb
1 Handrührgerät mit Knethaken
Frischhaltefolie
1 Teigrolle
15 Tortelettförmchen (Durchmesser 15 cm)
1 Kuchenrost/1 größeres Sieb
1 kleiner Kochtopf

Tante Mimi und Onkel Pisi haben extra ihre Reise nach London unterbrochen. Sie wollen unbedingt diese Törtchen probieren. Oh Schreck, sie sind schon alle weg! Zum Glück kann man ganz fix neue backen.

1 Schneebesen
1 Handrührgerät mit Knethaken
1 Spritzbeutel mit Sterntülle

So wird's gemacht:

Für den Teig siebe das Mehl in die Schüssel. Gib die Butter in Flöckchen, Zucker, Vanillin-Zucker, Salz und das Ei hinzu und verrühre die Zutaten mit dem Handrührgerät mit Knethaken zu einem krümeligen Teig. Knete diesen anschließend auf der bemehlten Arbeitsfläche gut durch. Wickele den Teig in Folie und lege ihn 3-4 Stunden in den Kühlschrank. Rolle den Teig portionsweise auf der bemehlten Arbeitsfläche (etwa ½ cm dick) aus. Lege die vorbereiteten Förmchen auf den Teig und drücke sie ein. Den ausgestochenen Teig gib in die Förmchen. Stich mit einer Gabel in den Tortelettboden ein, damit keine Blasen entstehen. Schiebe die Törtchenböden auf dem Backofenrost auf der 1. Schiene von unten in den Ofen und lasse sie goldgelb backen. Lasse sie anschließend auf dem Kuchenrost auskühlen. Schütte die Pfirsiche in ein Sieb, lasse sie abtropfen und fange den Saft in dem Kochtopf auf. Verteile die Pfirsichhälften auf die Torteletts und bereite den Tortenguß zu. Gieße den heißen Tortenguß über die Pfirsichhälften und laß ihn abkühlen. Schlage die Sahne mit Sahnesteif und Vanillin-Zucker steif. Dann spritze um die Pfirsichhälften einen Sahnekranz und bestreue ihn mit Pistazienkernen.

Backofen-Einstellung:
Ober-/Unterhitze: etwa 180 °C (vorgeheizt)
Heißluft: etwa 160 °C (nicht vorgeheizt)
Gas: etwa Stufe 3 (vorgeheizt)
Backzeit: etwa 15 Minuten.

TIP

Statt der Pfirsiche könnt Ihr auch andere Obstsorten verwenden. Vielleicht zu einem Frühlingsfest bunte Torteletts?

Osterbrot aus Entenhausen

Dazu brauchst Du:

Für den Teig:
500 g Weizenmehl (Type 550)
1 Päckchen Trocken-Backhefe
100 g Zucker
1 gestrichenen TL Jodsalz
125 g zerlassene, abgekühlte Butter
200 ml lauwarme Milch
1 Ei

Zum Bestreichen:
1 Eigelb/1 EL Milch

Zum Bestreuen:
gehackte Pistazienkerne

Stelle bereit:

1 große Rührschüssel
1 Mehlsieb
1 kleinen Stieltopf
1 Handrührgerät mit Knethaken
1 Backblech
Backpapier
1 Backpinsel
1 Kuchenrost

So wird's gemacht:

Freunde, gerade hat uns die neueste Meldung aus der Osterhasen-Versuchsküche erreicht: Absolut genial schmeckt das Osterbrot mit Butter und Schokoladenstreuseln. So gut, daß die Osterhasenköche schon Gewichtsprobleme haben!

Für den Teig siebe das Mehl in die Schüssel, vermische es sorgfältig mit der Trocken-Backhefe. Streue Salz und Zucker darüber. Schmelze im Topf die Butter und füge die Milch dazu. Nimm den Topf vom Herd. Gib das Butter-Milch-Gemisch und das Ei zum Mehl und verarbeite alle Zutaten mit dem Handrührgerät mit Knethaken zuerst auf der niedrigsten, dann auf der höchsten Stufe in etwa 5 Minuten zu einem Teig. Stelle die Schüssel an einen warmen Platz und decke sie mit einem Geschirrtuch ab. Jetzt laß alles 45 Minuten ruhen, damit die Hefe arbeiten und den Teig aufblähen kann. Nimm den Teig aus der Schüssel und knete ihn nochmals gut durch. Laß den

Teig nochmals an einem warmen Platz abgedeckt gehen, bis er sich sichtbar vergrößert hat. Teile den Teig in 2 gleiche Teile. Rolle aus jedem Teil einen etwa 3 cm dicken Strang. Schlinge die Stränge umeinander und schiebe die Strangenden unter das Osterbrot.

Lege das Osterbrot auf das mit Backpapier belegte Backblech. Verrühre Eigelb und Milch und streiche es mit dem Backpinsel auf das Brot. Streue die Pistazienkerne darauf. Schiebe das Blech in den Backofen. Lasse das gebackene Brot auf dem Kuchenrost auskühlen.

Backofen-Einstellung:
Ober-/Unterhitze: etwa 200 °C
(nicht vorgeheizt)
Heißluft: etwa 180 °C
(nicht vorgeheizt)
Gas: Stufe 3-4
(nicht vorgeheizt)
Backzeit: etwa 30 Minuten.

TIP

Falls Du schon Zöpfe flechten kannst, dann teile den Teig in 3 Teile und flechte einen richtigen Zopf.

Muttis Überraschungstorte

Dazu brauchst Du:

Zum Ausfetten der Form:
Butter

Für den Teig:
3 Eier
3 EL warmes Wasser
150 g feinkörnigen Zucker
1 Päckchen Vanillin-Zucker
60 g Weizenmehl (Type 405)
70 g Speisestärke
1 gestrichenen TL Backpulver
50 g Kakao

Für den Belag:
250 g Magerquark
2 EL Milch
1 Glas (210 g) Wild-Preiselbeeren
250 ml (1/4 l) Schlagsahne
1 Päckchen Vanillin-Zucker
1 Päckchen Sahnesteif
Preiselbeeren

Stelle bereit:

1 Rührschüssel
1 Handrührgerät mit Rührbesen
1 Mehlsieb
1 Springform (Durchmesser 28 cm)
1 Kuchenrost/1 Schüssel

Wetten, daß Mami nach hinten umkippt, wenn sie diese Torte sieht? Damit's eine Überraschung gibt, verdrückst Du Dich zum Backen am besten zu Oma und Opa oder zu Freunden.

So wird's gemacht:

Für den Teig rühre Eier und Wasser mit dem Handrührgerät mit Rührbesen schaumig. Gib unter Rühren den Zucker und den Vanillin-Zucker hinzu. Mische Mehl, Speisestärke, Backpulver und Kakao, siebe das Gemisch auf die Eigelb-Wasser-Creme und rühre es auf niedrigster Stufe unter. Fülle den Teig in die ausgefettete Springform und streiche die Oberfläche glatt. Schiebe die Form auf dem Rost in den Backofen. Lege den gebackenen Kuchen zum Auskühlen auf den Kuchenrost.
Für den Belag rühre Quark und Milch glatt. Anschließend rühre die Preiselbeeren darunter.

Schlage die Schlagsahne mit dem Vanillin-Zucker und dem Sahnesteif ganz fest. Vermische sie mit dem Preiselbeer-Quark und streiche die Creme auf den erkalteten Kuchen. Drücke mit einem Löffel Vertiefungen in die Creme. Verziere den Kuchen mit Beeren.

Backofen-Einstellung:
Ober-/Unterhitze: etwa 180 °C (nicht vorgeheizt)
Heißluft: etwa 160 °C (nicht vorgeheizt)
Gas: etwa Stufe 3 (nicht vorgeheizt)
Backzeit: 30-40 Minuten.

Wenn Du Lust hast, schneide den Kuchen durch, fülle ihn mit dem Preiselbeerquark und streue Puderzucker obendrauf.

Guglhupf

Dazu brauchst Du:

Zum Einfetten der Form:
Butter

Für den Teig:
75 g Butter
100 g Zucker
1 Päckchen Vanillin-Zucker
1 Prise Salz
1 Ei
100 g Magerquark
65 g abgezogene, gemahlene Mandeln
150 g Weizenmehl (Type 405)
2 TL Backpulver
2-4 EL Milch

Zum Garnieren:
100 g Puderzucker
1- 2 EL Zitronensaft
Back- und Speisefarben (grün)
Gebäckschmuck, z.B. Zuckerblüten

Stelle bereit:

1 Rührschüssel
1 Handrührgerät mit Rührbesen
1 Mehlsieb
1 Teigschaber
1 Napfkuchenform (Durchmesser 18 cm)
1 kleine Schüssel
1 Backpinsel

Übrigens freut sich Dein Papi auch über diesen tollen Guglhupf! Väter sind nämlich auch kleine Leckermäuler, sie geben's nur nicht so gerne zu!

So wird's gemacht:

Rühre die Butter in der Rührschüssel mit dem Handrührgerät mit Rührbesen geschmeidig. Laß nach und nach Zucker, Vanillin-Zucker und Salz einrieseln und rühre die Zutaten so lange unter, bis eine gebundene Masse entstanden ist. Anschließend rühre zuerst das Ei (etwa $^1/_2$ Minute lang), dann den Quark und schließlich die Mandeln unter. Siebe Mehl mit Backpulver und rühre das Gemisch abwechselnd mit der Milch unter. Fülle den Teig mit Hilfe des Teigschabers in eine gefettete Napfkuchenform. Schiebe den Guglhupf auf dem Rost in den Backofen.
Lasse den gebackenen Kuchen auf dem Kuchenrost etwas auskühlen. Verrühre Puderzucker und Zitronensaft und färbe das Gemisch mit grüner Back- und Speisefarbe. Beträufle den Kuchen mit dem Guß und verziere ihn z.B. mit Zuckerblüten.

Backofen-Einstellung:
Ober-/Unterhitze:
170-200°C
(vorgeheizt)
Heißluft: 160-170°C
(nicht vorgeheizt)
Gas: Stufe 2-3 (vorgeheizt)
Backzeit: etwa 50 Minuten.

Hotzenplotz-Happen

Dazu brauchst Du:

Zum Einfetten des Backblechs: Butter

Für den Teig:
100 g Butter
150 g braunen Zucker
1 Päckchen Vanillin-Zucker
1 Prise Jodsalz
100 g Honig
150 g Vollkornhaferflocken
100 g abgezogene, gehobelte Mandeln

Stelle bereit:

1 Stieltopf
1 Rührlöffel
1 Teigschaber
1 Backblech
Alufolie
1 Kuchenrost

So wird's gemacht:

Lasse die Butter in dem Stieltopf schmelzen. Füge unter Rühren Zucker, Vanillin-Zucker, Salz und Honig hinzu und lasse alles kurz aufkochen. Nimm den Topf von der Kochstelle und rühre Haferflocken und Mandelblättchen unter. Fülle mit dem Teigschaber den Teig auf die Hälfte eines gefetteten Backblechs (etwa 20 x 30 cm). Lege einen Alustreifen als Abschluß an die offene Teigseite. Schiebe das Backblech in den Backofen. Schneide aus dem noch warmen Gebäck kleine Dreiecke oder Quadrate und lege sie zum Abkühlen auf einen Kuchenrost.

Backofen-Einstellung:
Ober-/Unterhitze: 180-200 °C
(nicht vorgeheizt)
Heißluft: 160-180 °C
(nicht vorgeheizt)
Gas: Stufe 3-4
(nicht vorgeheizt)
Backzeit: etwa 12 Minuten.

TIP

Du kannst auch Haselnußkerne anstatt der Mandeln nehmen.

Brötchen zum Muttertag

(etwa 20 Stück)

Dazu brauchst Du:

Für den Teig:
500 g Weizenmehl (Type 405)
1 Päckchen Trocken-Backhefe
50 g Butter
250 ml (¼ l) Milch
1 Ei
1 gestrichenen TL Jodsalz

Zum Bestreichen:
2 Eigelb
2 EL Milch

Stelle bereit:

1 Rührschüssel
1 Mehlsieb
1 kleinen Stieltopf
1 Handrührgerät mit Knethaken
2 Backbleche
Backpapier
1 Backpinsel

Mutti denkt, sie riecht nicht recht! Träumt sie etwa? Es ist echt: Wir haben ihr zum Muttertag diese köstlichen Brötchen gebacken! Stark, nicht wahr?

So wird's gemacht:

Für den Teig siebe das Mehl in die Schüssel und vermische es sorgfältig mit der Trocken-Backhefe. Laß die Butter in dem Topf schmelzen und füge die Milch hinzu. Laß das Butter-Milch-Gemisch etwas abkühlen und gib es zusammen mit Ei und Salz zu dem Mehl. Verarbeite alle Zutaten mit dem Handrührgerät mit Knethaken zuerst auf niedrigster, dann auf höchster Stufe zu einem glatten Teig.
Stelle die Schüssel abgedeckt an einen warmen Ort und laß den Teig so lange gehen, bis er sich sichtbar vergrößert hat. Nimm den Teig aus der Schüssel und knete ihn auf der bemehlten Arbeitsfläche mit Deinen Händen nochmals gut durch. Dann laß ihn nochmals etwa 30 Minuten gehen. Wiege vom Hefeteig 40 g schwere Teigstücke ab und forme sie mit bemehlten Händen zu Kugeln. Diese Hefekugeln lege mit größerem Abstand auf die mit Backpapier belegten Bleche und drücke sie mit dem Handballen etwas flach. Decke die Brötchen nochmals zu und lasse sie weitere 20 Minuten gehen. Verrühre Eigelb und Milch und streiche das Gemisch mit einem Backpinsel auf die Brötchen. Anschließend schneide jedes Brötchen längs oder kreuzweise ein. Schiebe die Backbleche in den Backofen und laß die Brötchen etwa 20 Minuten backen. Stelle eine kleine Schüssel mit Wasser unter das Backblech.

Backofen-Einstellung
Ober-/Unterhitze: etwa 200 °C (vorgeheizt)
Heißluft: etwa 180 °C (nicht vorgeheizt)
Gas: Stufe 3-4 (vorgeheizt)
Backzeit: etwa 20 Minuten.

TIP

Bevor die Brötchen in den Backofen kommen, kann man sie mit Mohn, Kümmel oder Sesam bestreuen.

Mümmelmanns Geburtstagstorte

Dazu brauchst Du:

Zum Einfetten der Formen:
Butter

Für den Teig:
300 g Möhren/6 Eigelb
4 EL lauwarmes Wasser
200 g Zucker
1 Päckchen Vanillin-Zucker
1 Prise Jodsalz
Schale und Saft von 1 Zitrone (unbehandelt)
250 g gemahlene Haselnußkerne
100 g Mehl (Type 1050)
2 gestrichene TL Backpulver
6 Eiweiß

Dieses Rezept rücken die Mümmelmänner ungern raus. Doch bei Geburtstagen machen sie eine Ausnahme. Der Geheimtip: In dieser Torte sind echte Möhren versteckt.

So wird's gemacht:

Wasche und schäle die Möhren. Reibe sie fein auf einen Teller. Für den Teig gib Eigelb, Wasser, Zucker, Vanillin-Zucker, Salz, Zitronenschale und -saft in die große Rühr-

Zum Garnieren:
200 g Puderzucker
2 EL Zitronensaft
1-2 EL Möhrensaft
Geburtstagskerzen

Stelle bereit:

1 Schälmesser
1 Reibe
1 große Rührschüssel
1 Handrührgerät mit Rührbesen
1 Rührschüssel
1 Zitronenpresse
1 große Rührschüssel
1 Springform (Durchmesser 28 cm)
1 Teigschaber
1 Kuchenrost
1 kleine Rührschüssel
1 Backpinsel

schüssel und verrühre die Zutaten mit dem Handrührgerät mit Rührbesen schaumig. Rühre Haselnüsse und Möhren unter.
Mische Mehl mit Backpulver, gib es auf die Masse und rühre es unter. Schlage das Eiweiß zu steifem Schnee und hebe ihn vorsichtig unter den Teig.
Gib den Teig in die Springform und streiche die Teigoberfläche mit dem Teigschaber glatt. Schiebe die Form in den Backofen und laß die Torte etwa 50 Minuten goldbraun backen. Öffne danach die Springform und lasse die Torte auf dem Kuchenrost auskühlen.
Verrühre Puderzucker, Zitronensaft und Wasser zu einer cremigen Masse.

Bestreiche die abgekühlte Torte mit dem Guß und stecke die Geburtstagskerzen hinein.

Backofen-Einstellung:
Ober-/Unterhitze: etwa 200 °C (vorgeheizt)
Heißluft: etwa 180 °C (nicht vorgeheizt)
Gas: Stufe 3-4 (nicht vorgeheizt)
Backzeit: etwa 50 Minuten.

TIP

Du kannst die Geburtstagstorte auch mit einem Schokoladenguß überziehen.

Kunterbuntes ABC und quirliges 1x1

Dazu brauchst Du:

Für den Teig:
250 g Weizenmehl (Type 405)
1 Messerspitze Backpulver
80 g feinkörnigen Zucker
1 Päckchen Vanillin-Zucker
1 Prise Jodsalz
130 g weiche Butter oder Margarine
1 Ei

Zum Garnieren:
200 g Puderzucker
3 EL Zitronensaft
Schokoherzen, Zuckerstreusel, Gummibärchen und was Dir sonst noch gefällt

Stelle bereit:

1 Mehlsieb
1 große Rührschüssel
1 Handrührgerät mit Knethaken
Frischhaltefolie
1 Backblech
Backpapier
1 kleine Rührschüssel
1 Backpinsel

Wie wär's, wenn Du mit den Buchstaben die Namen Deiner Geburtstagsgäste schreibst und als Platzkarten auf die Teller legst? Aber aufgepaßt: Die bunten Buchstaben werden im Nu weggenascht! Und dann wird plötzlich aus einem Alexander ein Alex oder gar aus einer Martina ein Martin!

So wird's gemacht:

Mische Mehl mit Backpulver und siebe es in die Rührschüssel. Füge die anderen Zutaten hinzu. Verarbeite alles mit dem Handrührgerät mit Knethaken zuerst auf niedrigster, dann auf höchster Stufe zu einem krümeligen Teig. Knete diesen anschließend auf der Arbeitsfläche nochmals gut durch. Wickele den Teig in Folie und lege ihn etwa 2 Stunden in den Kühlschrank.
Bestreue die Arbeitsfläche mit etwas Mehl. Nimm von der großen Teigkugel kleine Stückchen weg und rolle jedes Stückchen zu einem dünnen "Wurm". Forme aus diesem Wurm Buchstaben oder Zahlen. Lege sie auf das mit Backpapier belegte Backblech. Schiebe das Blech in den Backofen. Laß die gebackenen Buchstaben und Zahlen vor dem Verzieren etwas auskühlen.
Zum Garnieren verrühre Puderzucker und Zitronensaft zu einer cremigen Masse. Bestreiche damit die Buchstaben und Zahlen und garniere sie nach Deiner Phantasie!

Backofen-Einstellung:
Ober-/Unterhitze: etwa 180 °C (vorgeheizt)
Heißluft: etwa 160 °C (nicht vorgeheizt)
Gas: etwa Stufe 3 (vorgeheizt)
Backzeit: 10-15 Minuten.

TIP

Du kannst auch gekaufte Buchstaben- und Zahlenausstechförmchen verwenden.

Schuhsohlen

Dazu brauchst Du:

Für den Teig:
250 g Weizenmehl (Type 405)
80 g feinkörnigen Zucker
1 Päckchen Vanillin-Zucker
1 Prise Jodsalz
1 Ei
125 g kalte Butter

Zum Garnieren:
100 g Puderzucker
1-2 EL Zitronensaft
Back- und Speisefarben
Gebäckschmuck und Süßigkeiten, z.B. Gummibärchen, Zuckerherzen usw.

Stelle bereit:

1 Rührschüssel
1 Mehlsieb
1 Handrührgerät mit Knethaken
Frischhaltefolie
1 Teigrolle
1 Backblech
Backpapier
1 Kuchenrost
1 kleine Rührschüssel
1 Backpinsel

Ja, ja, Ihr habt richtig gelesen: Schuhsohlen kann man backen. Allerdings eignen sich diese Schuhsohlen - wie Ihr Euch sicher vorstellen könnt - nicht gut zum Draufherumlaufen. Dafür wären sie auch viel zu schade. Sie sollten doch besser schnurstracks in Euren Mund marschieren!

So wird's gemacht:

Siebe das Mehl in die Schüssel, füge Zucker, Vanillin-Zukker, Salz, Ei und die Butter in Flöckchen dazu und verarbeite die Zutaten mit dem Handrührgerät mit Knethaken zu einem krümeligen Teig. Knete diesen anschließend auf der Arbeitsfläche mit den Händen nochmals gut durch. Wikkele den Teig in Folie und lege ihn 1-2 Stunden in den Kühlschrank. Rolle den Teig in 2 Portionen etwa 3 mm dick aus. Schneide aus dem Teig "Schuhsohlen" aus oder zeichne zuerst eine "Schuhsohlen"-Form als Schablone auf Karton und schneide sie aus. Lege die Schablone auf den Teig, schneide die Schuhsohlen aus und lege sie auf das mit Backpapier belegte Backblech.

Wenn Ihr schon etwas mehr Übung im Backen habt, dann backt doch mal “Fußsohlen” mit fünf Zehen dran.

Schiebe das Blech in den Backofen und laß die Schuhsohlen goldgelb backen. Lege die gebackenen Schuhsohlen auf einen Kuchenrost und laß sie auskühlen. Zum Verzieren verrühre Puderzucker mit Zitronensaft zur cremigen Masse. Färbe sie evtl. mit Back- und Speisefarben und bestreiche die Schuhsohlen damit. Garniere die Schuhsohlen nach Deiner Phantasie mit Süßigkeiten und Gebäckschmuck.

Backofen-Einstellung:
Ober-/Unterhitze: etwa 200 °C (vorgeheizt)
Heißluft: etwa 180 °C (nicht vorgeheizt)
Gas: Stufe 3-4 (vorgeheizt)
Backzeit: etwa 10 Minuten.

Geburtstagsbaum

Dazu brauchst Du:

Zum Einfetten des Backblechs: Butter

Für den Teig:
375 g Weizenmehl (Type 550)
100 g Puderzucker
225 g Butter oder Margarine
1 Eigelb
1 Prise Jodsalz

Zum Garnieren:
100 g Puderzucker
1-2 EL Zitronensaft
Back- und Speisefarben
Gebäckschmuck, z.B. Lakritz, Schoko-Alphabet, Zuckerherzen

Stelle bereit:

1 Mehlsieb
1 große Rührschüssel
1 Handrührgerät mit Knethaken
Frischhaltefolie
1 Teigrolle
1 Backblech
1 kleines Quadratförmchen evtl. andere Ausstechförmchen
1 Kuchenrost/1 Backpinsel
1 kleine Schüssel

So wie auf Apfelbäumen Äpfel und auf Birnenbäumen Birnen, wachsen auf Geburtstagsbäumen Geburtstagsgeschenke. Und die Kinder, die Geburtstag haben, dürfen die Geschenke pflücken. Dieser Baum ist zwar noch klein aber vielleicht wächst er noch.

So wird's gemacht:

Siebe das Mehl in die Schüssel und streue den Puderzucker darüber. Füge Butter oder Margarine, Eigelb und Salz hinzu. Verarbeite die Zutaten mit dem Handrührgerät mit Knethaken zu einem krümeligen Teig. Knete diesen mit den Händen auf der bemehlten Arbeitsfläche nochmals gut durch. Wickele den Teig in Folie und lege ihn 2-3 Stunden in den Kühlschrank. Rolle den Teig auf dem gefetteten Backblech etwa ½ cm dick aus. Schneide aus dem Teig einen Baum aus. Wenn Du möchtest, kannst Du Dir zuvor eine Schablone auf Karton malen. Schneide die Schablone aus, lege sie auf den Teig und schneide den Teigbaum aus. Schiebe das Backblech in den Backofen. Steche aus dem restlichen Teig Quadrate oder andere Formen aus. Nimm den gebackenen Baum aus dem Ofen und schiebe die Quadrat-Plätzchen hinein. Lege zum Auskühlen alles auf den Kuchenrost. Verrühre in einer kleinen Schüssel Zitronensaft und Puderzucker. Bestreiche Baum und Quadrate damit. Wenn Du möchtest, kannst Du den Guß einfärben. Klebe die Quadrate als Geschenke an den Baum und verziere alles mit Gebäckschmuck und Süßigkeiten.

Backofen-Einstellung:
Ober-/Unterhitze: etwa 200 °C (vorgeheizt)
Heißluft: etwa 180 °C (nicht vorgeheizt)
Gas: Stufe 3-4 (vorgeheizt)
Backzeit für den Baum: etwa 25 Minuten
Backzeit für die Herzen und Quadrate: etwa 15 Minuten.

TIP

Verschenke den Geburtstagsbaum doch mal an Eltern, Geschwister oder Freunde. Auch andere kleine Päckchen kann man an den Baum kleben.

Naschwaffeln

Dazu brauchst Du:

Für den Teig:
250 g weiche Butter oder Margarine
200 g Zucker
1 Prise Jodsalz
4 Eier
Schale von 1 Zitrone (unbehandelt)

Huch, in wenigen Stunden sind Deine Geburtstagsgäste da! Kein Grund zur Panik! Im Notfall, wenn Du es nicht mehr schaffst, backt sich jeder seine Waffel selbst! Das ist sogar witzig. Alles klar?

250 g Weizenmehl (Type 1050)
125 ml (⅛ l) Mineralwasser

Zum Garnieren:
Puderzucker
evtl. Vanilleeis
Erdbeeren, Himbeeren oder andere Früchte

Stelle bereit:

1 große Rührschüssel
1 Handrührgerät mit Rührbesen
1 kleinere Rührschüssel
1 Zitronenreibe
1 Teigschaber
1 Waffeleisen mit 5 Herzchen (19 cm Durchmesser)
1 Kuchenrost
1 Puderzuckersieb

So wird's gemacht:

Für den Teig rühre die Butter bzw. Margarine mit dem Handrührgerät mit Rührbesen geschmeidig und laß nach und nach den Zucker und die Prise Salz einrieseln. Trenne jedes Ei in Eigelb und Eiweiß. Gib das Eiweiß in die kleinere Rührschüssel und jedes Eigelb unter Rühren zu der Butter-Zucker-Masse. Reibe die Zitronenschale dazu. Rühre eßlöffelweise das Vollkornmehl unter. Gieße anschließend das Mineralwasser hinein und vermenge es vorsichtig mit dem Teig. Schlage das Eiweiß zu steifem Schnee und hebe ihn

unter den Waffelteig. Stelle das Waffeleisen auf Mittelhitze ein (Stufe 3-4). Fülle 2-3 gehäufte Eßlöffel Teig auf die heiße Waffelplatte. Schließe das Waffeleisen, backe die Waffel goldgelb. Löse die gebackene Waffel mit der Gabel vom Waffeleisen und lege sie zum Auskühlen auf den Kuchenrost.
Bestäube die Waffeln mit etwas Puderzucker.

Waffeleisen-Einstellung
Stufe 3-4 (Mittelhitze)
Backzeit: 4-5 Minuten.
Toll schmecken die Waffeln mit Vanilleeis und Erdbeeren. Unbedingt ausprobieren!

Abwandlung
Statt des Vollkornmehls kannst Du auch weißes, ausgemahlenes Weizenmehl zum Backen verwenden. Laß dann aber bitte das Mineralwasser weg, sonst wird bei diesem Mehl der Teig zu flüssig. Diese Waffeln schmecken auch ohne Beigabe ganz prima. Wenn Du sie in einer Keksdose verschließt, dann bleiben sie ein paar Tage frisch.

Pizza Pinocchio

Dazu brauchst Du:

Zum Einfetten der Form:
Olivenöl

Für den Teig:
125 g mageren Speisequark
4-5 EL Milch
3 EL Olivenöl
½ gestrichenen TL Jodsalz
100 g grob gemahlenes Grünkernmehl
150 g Weizenmehl (Type 550)
½ Päckchen Backpulver

Für den Belag:
1 große Zwiebel
50 g Schinkenspeck
200 g grüne Prinzeßbohnen
2 Tomaten
grob gemahlenen weißen Pfeffer
ein paar Tropfen Olivenöl
50 g geriebenen Emmentaler-Käse
1 gestrichenen EL feingeschnittenes Bohnenkraut

Pizzas sind immer in! Besonders nach so einem Nachmittag mit Spielen und Toben im Freien. Also pizza Dir eine!

Stelle bereit:

1 Rührschüssel
1 Handrührgerät mit Knethaken
1 Mehlsieb
1 Teigrolle
1 Pizzaform aus Blech oder feuerfestem Glas (Durchmesser 27 cm)
1 mittelgroßen Kochtopf
1 Sieb
1 Pfeffermühle

So wird's gemacht:

Für den Teig gib Quark, Milch, Olivenöl und Salz in eine Rührschüssel und verrühre die Zutaten mit dem Handrührgerät mit Knethaken. Dann rühre das Grünkernmehl darunter. Mische anschließend Weizenmehl mit Backpulver und siebe es über den Grünkernteig.

Knete alle Zutaten gut durch. Rolle den Teig auf der bemehlten Arbeitsfläche nach allen Seiten dünn aus. Lege den ausgerollten Teig auf die Pizzaform und drücke den Rand gleichmäßig fest. Schäle die Zwiebeln, schneide sie in dünne Ringe und verteile sie gleichmäßig auf dem Pizzateig. Würfele den Schinkenspeck und streue die Würfel auf die Zwiebelringe. Dünste die Prinzeßbohnen kurz in wenig Salzwasser und schütte sie zum Abtropfen auf ein Sieb. Danach verteile die Bohnen auf die Schinkenspeckwürfel.

Spüle die Tomaten mit heißem Wasser ab, entferne den Stielansatz und schneide sie in Scheiben. Lege die Tomatenscheiben dicht nebeneinander wie einen Tomatenkranz an den Pizzarand und streue den Pfeffer darüber. Schiebe die Pizza in den Backofen. Gib nach etwa 30 Minuten den geriebenen Käse darüber und laß ihn in 2 Minuten schmelzen.
Bestreue die Pizza vor dem Servieren mit Bohnenkraut.

Backofen-Einstellung:
Ober-/Unterhitze: etwa 220 ° C (vorgeheizt)
Heißluft: etwa 200 °C (nicht vorgeheizt)
Gas: Stufe 4-5 (vorgeheizt)
Backzeit: etwa 30 Minuten.

TIP

Falls Du auch zu den Kindern gehörst, die keine Prinzeßbohnen mögen, kannst Du dafür auch 100 g Champignons oder 300 g bunte Paprikaschoten verwenden.

Pipis Kraftkornbrot

Dazu brauchst Du:

Für den Teig:
300 g Roggenkörner, mittelfein gemahlen
200 g Weizenkörner, fein gemahlen
150 g Dinkelkörner, fein gemahlen
1 Päckchen Trocken-Backhefe
3 gestrichene TL Jodsalz
1 gehäuften TL Zucker
400 ml lauwarmes Wasser

Stelle bereit:

1 große Rührschüssel
1 Handrührgerät mit Knethaken
1 Backblech
Backpapier
1 Backpinsel

Alle Welt backt Brot, nur Du noch nicht? Dann nichts wie ran an Pipis Kraftkornbrot. So ein selbstgemachtes kerngesundes Kornbrot macht sich ausgezeichnet als Pausenbrot für die Schule. Das macht nicht nur stark, das schmeckt auch stark.

So wird's gemacht:

Für den Teig schütte das Roggen-, Weizen- und Dinkelmehl in die Schüssel und vermische es sorgfältig mit der Trocken-Backhefe. Streue Salz und Zucker darüber. Füge das Wasser hinzu und verrühre alles mit dem Handrührgerät mit Knethaken zuerst auf niedrigster, dann auf höchster Stufe zu einem glatten Teig. Stelle die Schüssel abgedeckt an einen warmen Platz und laß den Teig so lange gehen, bis er sich sichtbar vergrößert hat. Nimm den Teig aus der Schüssel und knete ihn mit den Händen nochmals auf einer bemehlten Arbeitsfläche gründlich durch. Forme aus dem Teig einen Laib und lege ihn auf ein mit Backpapier belegtes Backblech. Laß ihn nochmals gehen. Bestreiche die Teigoberfläche mit Wasser und bestäube sie mit etwas Mehl. Dann schiebe den Laib in den Backofen.

Backofen-Einstellung
Ober-/Unterhitze: etwa 200 °C (vorgeheizt)
Heißluft: etwa 180 °C (nicht vorgeheizt)
Gas: Stufe 3-4 (vorgeheizt)
Backzeit: etwa 1 Stunde.

TIP

Vielleicht habt Ihr zu Hause eine Getreidemühle. Falls nicht, kannst Du Dir die Getreidekörner im Geschäft mit der Getreidemühle mahlen lassen!

Verschmitzter Vampir

(Titelbild)

Dazu brauchst Du:

Für den Teig:
150 g Honig
1 Päckchen Vanillin-Zucker
50 g Butter oder Margarine
1 Eigelb
1 TL gemahlenen Zimt
1 Messerspitze gemahlene Nelken
250 g Weizenmehl (Type 405)
3 gestrichene TL Backpulver

Zum Garnieren:
50 g Vollmilch-Schokolade
etwas Kokosfett
1 EL Puderzucker
wenige Tropfen Zitronensaft
rote Back- und Speisefarbe (für die Zunge)
Lakritz
abgezogene Mandeln

Stelle bereit:

1 Rührschüssel
1 Handrührgerät mit Knethaken
Frischhaltefolie
1 Teigrolle
1 Backblech/Backpapier
1 kleiner Stieltopf
1 kleine Schüssel
1 Backpinsel

Vampire sind gar nicht so blutrünstig wie man immer glaubt. Diesen verschmitzten hier hast Du bestimmt auch zum Fressen gern! Denn er ist so süß und knusprig. Ha, ha wie sich Deine Zähne auf ihn freuen!

So wird's gemacht:

Gib Honig, Vanillin-Zucker, Butter oder Margarine, Eigelb, Zimt und Nelken in die Rührschüssel und verrühre die Zutaten mit dem Handrührgerät mit Knethaken. Mische Mehl mit Backpulver und verrühre es mit den übrigen Zutaten zu einem krümeligen Teig. Knete diesen anschließend mit den Händen auf der bemehlten Arbeitsfläche nochmals gut durch. Wickele ihn in Folie und lege ihn etwa 2 Stunden in den Kühlschrank. Rolle den Teig auf der bemehlten Arbeitsfläche etwa 1 cm dick aus. Mache Dir vom Titelbild eine Schablone aus Pappe. Lege sie auf den Teig und schneide die Formen mit einem spitzen Messer aus. Lege die Vampire auf ein mit Backpapier belegtes Backblech und schiebe sie in den Backofen. Lasse die gebackenen Vampire etwas auskühlen.
Dann kannst Du sie wie auf dem Titelbild mit den angegebenen Zutaten verzieren. Breche dafür die Schokolade in kleine Stücke und rühre sie mit dem Kokosfett in einem kleinen Topf im Wasserbad bei schwacher Hitze geschmeidig. Verrühre Puderzucker und Zitronensaft zu einer cremigen Masse. Färbe einen kleinen Teil vom Puderzuckerguß für die Zunge rot. Bestreiche die verschmitzten Vampire mit dem Schokoladen- und dem Puderzuckerguß und verziere sie mit Lakritz und Mandeln.

Backofen-Einstellung:
Ober-/Unterhitze: 180-200 °C (vorgeheizt)
Heißluft: 160-180 °C (nicht vorgeheizt)
Gas: Stufe 3-4 (vorgeheizt)
Backzeit: etwa 15 Minuten.

Lachender Obstkuchen

Dazu brauchst Du:

Zum Einfetten des Backblechs: Butter

Für den Teig:
150 g Magerquark
6 EL Milch
6 EL Speiseöl
75 g feinkörnigen Zucker
1 Päckchen Vanillin-Zucker
1 Prise Jodsalz
300 g Weizenmehl (Type 405)
1 Päckchen Backpulver

Für den Belag:
z.B. 1-1,5 kg Äpfel
oder Aprikosen
Mandelblättchen
etwa 125 ml (1/8 l)
Schlagsahne
2 EL Zucker

Stelle bereit:

1 große Rührschüssel
1 Handrührgerät mit Knethaken
1 Mehlsieb
Frischhaltefolie
1 Teigrolle
1 Backblech

Wie wär's, wenn Ihr mal ein Picknick plant? Jeder bringt etwas zu essen und zu trinken mit. Man braucht nur noch eine Decke zum Draufsitzen und dann nichts wie raus ins Grüne. Picknick-Erprobte vergessen auch Frisbee, Federballspiel und Ball nicht. Viel Spaß!

So wird's gemacht:

Gib Quark, Milch, Öl, flüssige Butter, Zucker und Vanillin-Zucker und Salz in die Rührschüssel und verrühre die Zutaten mit dem Handrührgerät mit Knethaken. Mische Mehl mit Backpulver, siebe es nach und nach auf die Quarkmasse und rühre es unter. Knete den Teig nochmals gut durch. Wickele den Teig in Folie und lege ihn etwa 2 Stunden in den Kühlschrank. Rolle den Teig auf der bemehlten Arbeitsfläche etwa 3 mm

TIP

Du kannst auch verschiedene Obstsorten nebeneinander auf den Kuchen legen.

dick zu einem Rechteck aus und lege dieses auf das gefettete Backblech. Schneide das Obst in Spalten oder Scheiben und lege es auf den Teig. Zum Schluß streue Mandelblättchen und etwas Zucker über das Obst. Schiebe den Kuchen auf dem Rost in den Backofen. Schlage die Schlagsahne steif, gib sie in einen Spritzbeutel mit Lochtülle und spritze ein Gesicht auf den Obstkuchen.

Backofen-Einstellung:
Ober-/Unterhitze: etwa 200 °C (vorgeheizt)
Heißluft: etwa 180 °C (nicht vorgeheizt)
Gas: Stufe 3-4 (vorgeheizt)
Backzeit: 25-30 Minuten.

Schmetterlinge und Herz

Dazu brauchst Du:

Zum Einfetten/Ausstreuen:
Butter/Semmelbrösel

Für den Teig:
125 g weiche Butter oder Margarine
125 g feinkörnigen Zucker
1 Päckchen Vanillin-Zucker
1 Prise Jodsalz
2 Eier
250 g Weizenmehl (Type 405)
½ Päckchen Backpulver

Zum Garnieren der Schmetterlinge:
100 g Puderzucker
1-2 EL Zitronensaft
Back- und Speisefarben
Süßigkeiten

Stelle bereit:

1 Rührschüssel
1 Handrührgerät mit Rührbesen
1 Mehlsieb
4 Schmetterlingsformen
1 Herzform
1 Teigschaber
1 Kuchenrost
1 kleine Schüssel
1 Backpinsel

Daß man Schmetterlinge immer nur kurz sieht, liegt wohl daran, daß sie so flatterhaft sind. Was macht man da? Man backt sich selbst welche! Und wenn Ihr die Schmetterlinge draußen eßt, kann es sogar sein, daß sich ein echter dazugesellt. Vorsicht: nicht verwechseln!

So wird's gemacht:

Streue die Backformen mit Semmelbröseln aus. Für den Teig gib die Butter oder Margarine in eine Schüssel. Füge Zucker, Vanillin-Zucker und Salz hinzu. Rühre mit dem Handrührgerät mit Rührbesen alle Zutaten schaumig.
Gib die Eier unter Rühren in die Schüssel zu den anderen Zutaten. Mische Mehl mit Backpulver und siebe es hinzu. Verrühre alles zu einem Teig. Fülle je einen gehäuften Eßlöffel Teig in die Schmetterlingsformen. Streiche die Teigoberfläche glatt. Gib den Rest des Teiges mit Hilfe des Teigschabers in die Herzform und streiche die Oberfläche ebenfalls glatt.
Schiebe die Formen auf dem Rost in den Backofen.
Laß das Gebäck vor dem Verzieren auf dem Kuchenrost auskühlen. Verrühre Puderzucker und Zitronensaft zu einer cremigen Masse. Bestreiche Herz und Schmetterlinge mit dem Guß und verziere sie mit Süßigkeiten.

Backofen-Einstellung:
Ober-/Unterhitze: etwa 200 °C (vorgeheizt)
Heißluft: etwa 180 °C (nicht vorgeheizt)
Gas: Stufe 3-4 (vorgeheizt)
Backzeit für die Schmetterlinge: etwa 20 Minuten
Backzeit für das Herz: etwa 35 Minuten.

TIP

Wenn Du auf Farbstoffe allergisch reagierst, dann nimm zum Färben Zuckerguß, den Du z.B. mit Kirschsaft verrührst.

Adventskalender

Dazu brauchst Du:

Zum Einfetten des Backblechs: Butter

Für den Teig:
300 g Honig
100 g Speiseöl
100 g Zucker
1 Prise Jodsalz
1 Ei
500 g Weizenmehl (Type 550)
1 Päckchen Backpulver
1 Päckchen Lebkuchengewürz

Zum Garnieren:
250 g Puderzucker
2 EL Zitronensaft
1-2 EL Wasser
Gebäckschmuck und Süßigkeiten, z.B. Gummibären, Zuckerstreusel usw.

Stelle bereit:

1 großen Stieltopf
1 große Rührschüssel
1 Rührlöffel
1 Mehlsieb
1 Handrührgerät mit Knethaken
1 Backblech
1 Teigrolle

Am liebsten würdet Ihr gleich viele der Adventskalendersterne vernaschen. Mal sehen, wer bis Heiligabend durchhält.

1 großen Stern (Schablone, etwa 35 cm Durchmesser)
Ausstechförmchen: kleinere und größere Sterne
1 kleine Schüssel
1 Backpinsel

So wird's gemacht:

Erhitze in einem großen Stieltopf Honig, Öl, Zucker und Salz, rühre die Masse gut um. Schütte die erkaltete Masse in eine große Rührschüssel, füge das Ei hinzu und rühre es unter. Mische Mehl mit Backpulver und Lebkuchengewürz und siebe es auf die Masse. Rühre die Zutaten mit dem Handrührgerät mit Knethaken gut durch. Lege den Teig etwa 4 Stunden in den Kühlschrank. Rolle den Teig auf einem gefetteten Backblech etwa ½ cm dick aus und schneide den großen Stern aus. Rolle den restlichen Teig auf einer bemehlten Arbeitsfläche aus und steche die kleineren Sterne aus. Lege die kleineren Sterne auf das Backblech (evtl. zweimal backen, falls der Platz nicht reicht) und schiebe das Blech in den Ofen.
Lasse die Sterne vor dem Verzieren etwas abkühlen.
Verrühre Puderzucker und Zitronensaft zu einer cremigen Masse. Forme aus Pergament-Dreiecken kleine Tüten und fülle die Masse hinein. Schneide nun die Spitze ab und spritze die Zahlen (1-24) auf die Sterne. Klebe die Zahlensterne mit Hilfe des Puderzuckergusses auf den großen Stern. Damit Du den Adventskalender an die Wand hängen kannst, klebe ihn am besten mit Puderzuckerguß auf ein Holzbrett, das Du an der Wand befestigst.

Backofen-Einstellung:
Ober-/Unterhitze: etwa 170 °C (vorgeheizt)
Heißluft: etwa 150 °C (nicht vorgeheizt)
Gas: Stufe 2-3 (vorgeheizt)
Backzeit: etwa 20 Minuten.

Bunte Knusperherzen

Dazu brauchst Du:

Für den Teig:
250 g Weizenmehl (Type 1050)
1 gestrichenen TL Backpulver
100 g feinkörnigen Zucker
1 Päckchen Vanillin-Zucker
1 Prise Jodsalz
1 Ei
100 g abgezogene, gemahlene Mandeln
100 g gemahlene Haselnußkerne
100 g kalte Butter
50 g saure Sahne

Zum Garnieren:
100 g Zartbitter-Kuvertüre
100 g Weiße Kuvertüre
20 g Kokosfett
Gebäckschmuck, z.B. Zuckerstreusel, Schoko- und Zuckerherzen usw.

Stelle bereit:

1 Rührschüssel
1 Handrührgerät mit Knethaken
1 Teigrolle
Herz-Ausstechförmchen
1 Backblech
Backpapier
je 1 kleiner Stieltopf für Zartbitter-Kuvertüre und Weiße Kuvertüre
1 Backpinsel

Habt Ihr Lust ein Wettbacken zu veranstalten? Dann beteiligt alle daran, die Ihr gerne mögt, auch Eure Omis! Hierbei kommt es nämlich darauf an, wer die schönsten und buntesten Herzen verziert hat. Der Sieger erhält eine Kinokarte!

So wird's gemacht:

Mische das Mehl mit dem Backpulver und gib es in eine Rührschüssel. Füge die

anderen Zutaten hinzu. Verarbeite alles mit dem Handrührgerät mit Knethaken zuerst kurz auf niedrigster, dann auf höchster Stufe zu einem Teig. Knete diesen anschließend auf der Arbeitsfläche nochmals gut durch. Wenn er noch klebt, dann lege ihn etwa 20 Minuten in den Kühlschrank.
Rolle den Teig auf der bemehlten Arbeitsfläche etwa 1 cm dick aus. Steche mit den Ausstechförmchen soviel Herzen aus, daß kein Teig mehr übrig bleibt. Lege die Herzen auf ein mit Backpapier belegtes Backblech. Schiebe das Backblech in den Backofen.
Verrühre die Weiße und die Zartbitter-Kuvertüre getrennt mit je 10 g Kokosfett in einem kleinen Topf im Wasserbad bei schwacher Hitze zu einer geschmeidigen Masse. Bestreiche die Herzen damit und verziere sie mit dem Gebäckschmuck nach Deiner Phantasie.

Backofen-Einstellung:
Ober-/Unterhitze: etwa 180 °C (vorgeheizt)
Heißluft: etwa 160 °C (nicht vorgeheizt)
Gas: etwa Stufe 3 (vorgeheizt)
Backzeit: 10-15 Minuten.

Eisbären-pfoten

Fragt doch mal Eure Freunde, ob sie auch so gerne Eisbärenpfoten essen. Wetten, denen bleibt vor Staunen der Mund offen? Damit der auch wieder zuklappt, verratet ihnen einfach dieses leckere Rezept, oder?

Dazu brauchst Du:

Für den Teig:
3 Eiweiß
150 g feinkörnigen Zucker
1 Päckchen Vanillin-Zucker
1 Prise Jodsalz
150 g Kokosraspel
50 g abgezogene, gemahlene Mandeln
1 Messerspitze gemahlenen Zimt oder 2 Tropfen Backöl Bittermandel

Stelle bereit:

1 Rührschüssel
1 Handrührgerät mit Rührbesen
1 Rührlöffel
1 Backblech
Backpapier oder Oblaten

So wird's gemacht:

Schlage mit dem Handrührgerät mit Rührbesen das Eiweiß in der Schüssel steif. Füge unter Rühren nach und nach den Zucker, Vanillin-Zucker und das Salz hinzu. Hebe vorsichtig Kokosraspel, Mandeln, Zimt oder Backöl Bittermandel darunter. Setze mit 2 Teelöffeln kleine Teighäufchen auf ein mit Backpapier belegtes Backblech oder auf Oblaten und schiebe sie in den Backofen. Lasse die gebackenen Eisbärenpfoten auf dem Blech auskühlen.

Backofen-Einstellung:
Ober-/Unterhitze: etwa 130 °C (vorgeheizt)
Heißluft: etwa 120 °C (nicht vorgeheizt)
Gas: etwa Stufe 1-2 (vorgeheizt)
Backzeit: etwa 20-25 Minuten.

Hänsel und Gretels Knusperhaus

Dazu brauchst Du:

Für den Teig:
250 g Honig
150 g Zucker
100 g Butter oder Margarine
600 g Weizenmehl (Type 550)
1 Päckchen Backpulver
1 Ei
1 gestrichenen TL gemahlenen Zimt
1 gestrichenen TL gemahlene Nelken
1 gestrichenen TL gemahlenen Kardamom
1 Prise Jodsalz
abgeriebene Schale von 1 Zitrone (unbehandelt)

Hier sind Architekten gefragt! Endlich könnt Ihr Euch ein Traumhäuschen bauen. Am liebsten würde man schrumpfen, damit man darin wohnen könnte!

Zum Garnieren:
100 g Puderzucker
1 Eiweiß
rote Blattgelatine für Fenster und Tür
alle Süßigkeiten, die Du magst, z.B. Gummibärchen, Lakritz

Stelle bereit:

1 großen Stieltopf
1 Rührlöffel/1 Mehlsieb
1 große Rührschüssel
1 Handrührgerät mit Knethaken
Frischhaltefolie/1 Teigrolle
Schablonen (1 Dreieck, 1 Rechteck)
1 Backblech/Backpapier
1 kleine Schüssel
1 Backpinsel

So wird's gemacht:

Für den Teig erhitze Honig und Zucker unter Rühren in dem Stieltopf. Füge die Butter oder Margarine hinzu und lasse sie schmelzen. Mische Mehl mit Backpulver und siebe es in die Rührschüssel. Füge Ei, Gewürze, Zitronenschale und die Honig-Butter-Masse hinzu und verrühre die Zutaten mit dem Handrührgerät mit Knethaken zu einem krümeligen Teig. Knete diesen anschließend mit den Händen auf der bemehlten Arbeitsfläche nochmals gut durch. Wickele den Teig in Folie und lege ihn etwa 2 Stunden in den Kühlschrank. Teile den Teig in 2 große und 2 kleine Stücke und rolle jedes Stück auf der bemehlten Arbeitsfläche etwa 1 cm dick aus. Schneide aus den größeren Teigflächen 2 Dreiecke (Höhe 19 cm, Seitenlänge 23 cm) als Vorder- und Hinterfront des Hauses und 2 rechteckige Dachplatten (16 x 23 cm). Rolle für den Dachabschluß eine Teigrolle von 16 cm Länge und 2 cm Breite. Rolle aus dem restlichen Teig eine rechteckige Platte als Untergrund aus. Lege die Teigteile auf das mit Backpapier belegte Backblech und schiebe es in den Backofen. Schneide aus den noch warmen Platten Fenster und Türen in die Vorder- und Hinterfront. Verrühre Puderzucker und Eiweiß zu einer cremigen Masse. Klebe von der Innenseite der Vorder- und Hinterfront mit Guß die rote, zugeschnittene Gelatine an. Bestreiche die Hausteile mit dem Guß und klebe sie zusammen. Verziere das Knusperhaus nach Deiner Phantasie.

Backofen-Einstellung:
Ober-/Unterhitze: etwa 180 °C (vorgeheizt)
Heißluft: etwa 160 °C (nicht vorgeheizt)
Gas: etwa Stufe 3 (vorgeheizt)
Backzeit: etwa 15 Minuten.

TIP

Setze in das Pfefferkuchenhaus ein Teelicht, dann leuchten die Fenster und die Tür strahlend rot!

Pummelzwerge

Dazu brauchst Du:

Für den Teig:
250 g Magerquark
100 ml Speiseöl
125 ml (1/8 l) Schlagsahne
90 g feinkörnigen Zucker
1 Päckchen Vanillin-Zucker
1 Prise Jodsalz
500 g Weizenmehl (Type 550)
1 Päckchen Backpulver

Zum Garnieren:
1 Eigelb
1 EL Milch
Korinthen
Belegkirschen
75 g Puderzucker
1 EL Zitronensaft
Hütchen aus Papier

Stelle bereit:

1 Rührschüssel
1 Handrührgerät mit Knethaken
1 Mehlsieb
1 Backblech
Backpapier
1 kleine Schüssel
1 Backpinsel

Klein und pummelig, aber oho sind diese Zwerge. Vor allem sind sie geschmacklich auf Zack. Die Kleinen sind ohnehin nicht zu unterschätzen, das seht Ihr doch bestimmt genauso, oder?!

So wird's gemacht:

Verrühre Quark, Öl, Schlagsahne, Zucker, Vanillin-Zucker und Salz mit dem Handrührgerät mit Knethaken in der Rührschüssel. Mische Mehl mit Backpulver, siebe es auf die Masse und rühre es unter. Knete den Teig nochmals auf

der bemehlten Arbeitsfläche mit den Händen gut durch. Zupfe vom Teig kleine Stückchen weg und forme für einen Pummelzwerg eine größere Kugel für den Körper und eine kleinere Kugel für den Kopf. Setze die kleinere Kugel auf die größere und stelle sie auf ein mit Backpapier belegtes

Backblech. Verrühre Eigelb und Milch und bestreiche die Zwerge damit. Drücke 2 Korinthen als Augen und ein Stück einer Belegkirsche als Nase hinein. Schiebe das Blech in den Backofen.
Lasse die Pummelzwerge etwas auskühlen. Dann verrühre den Puderzucker mit dem Zitronensaft zu einer cremigen Masse und male den Zwergen damit einen Bart. Jetzt kannst Du ihnen noch einen Papierhut aufsetzen.

Backofen-Einstellung:
Ober-/Unterhitze: 170-200 °C (vorgeheizt)
Heißluft: 150-180 °C (nicht vorgeheizt)
Gas: etwa Stufe 3 (vorgeheizt)
Backzeit: etwa 25 Minuten.

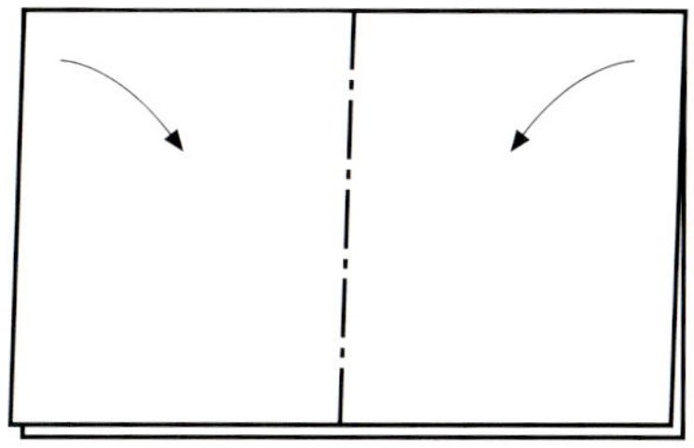

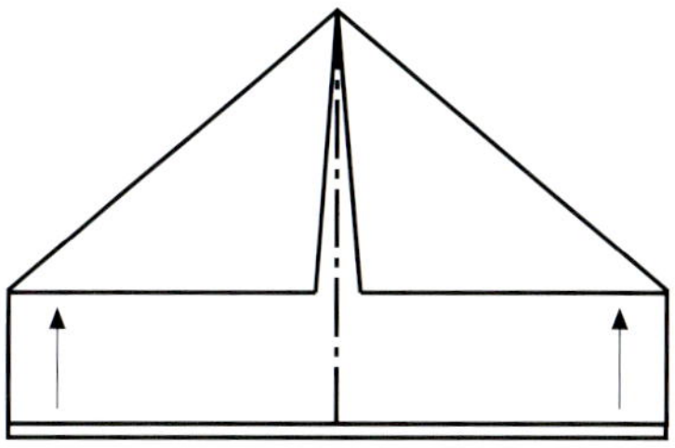

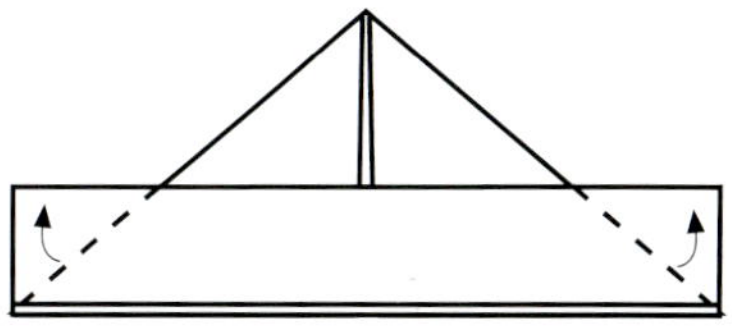

TIP

Was hältst Du davon, die Pummelzwerge zusammen mit Deiner Freundin oder Deinem Freund zu backen? Besorgt Euch die nötigen Sachen und dann geht's rund in Eurem "Backstudio". Mal sehen, wer den ulkigsten Zwerg backen kann!

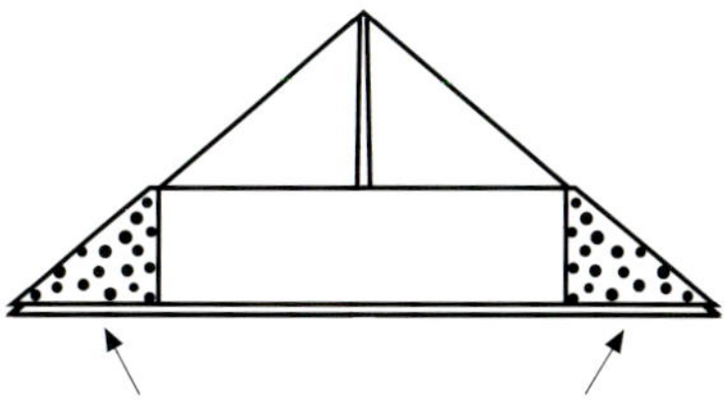

Nikolausstiefel

Dazu brauchst Du:

Für den Teig:
200 g flüssigen Honig
50 g Zucker
1 Prise Jodsalz
50 g flüssige Butter oder Margarine
1 Ei
2 gehäufte EL Kakao
1 Messerspitze gemahlenen Zimt
1 Messerspitze gemahlene Nelken
50 g nicht abgezogene, geriebene Mandeln
500 g Weizenmehl (Type 1050)
3 gestrichene TL Backpulver

Zum Garnieren:
100 g Puderzucker
1-2 EL Zitronensaft
Gebäckschmuck, z.B. Zuckerstreusel, Süßigkeiten

Stelle bereit:

1 große Rührschüssel
1 Handrührgerät mit Rührbesen
1 Teigrolle
1 Backblech
Backpapier
Ausstechförmchen
1 kleine Schüssel
1 Backpinsel

Leute, Ihr glaubt nicht, wie schwierig es war, dem Nikolaus für dieses Foto seine Stiefel auszuziehen. Er hatte solche Angst, daß wir sie nicht wieder zurückgeben! Wollt Ihr sie haben? Dann backt sie Euch selbst!

So wird's gemacht:

Gib Honig, Zucker, Salz, Butter oder Margarine, Ei, Kakao, Zimt, Nelken und Mandeln in die Rührschüssel. Verrühre die Zutaten mit dem Handrührgerät mit Rührbesen. Mische Mehl mit Backpulver, gib es nach und nach zu den anderen Zutaten und rühre es unter. Knete den Honigkuchen anschließend mit Deinen Händen auf der bemehlten Arbeitsfläche nochmals gut durch. Stelle den Teig zugedeckt 1-2 Stunden in den Kühlschrank.

Rolle den Teig auf einer bemehlten Arbeitsfläche etwa 3 mm dick aus. Mache Dir nach Deiner Vorstellung eine Stiefelschablone aus Karton. Lege die Schablone auf den Teig und schneide die Stiefel aus. Wenn Du Lust hast, kannst Du auch direkt aus dem Teig Stiefel schneiden. Aus dem restlichen Teig kannst Du Plätzchen ausstechen. Lege die Stiefel und die Plätzchen auf das mit Backpapier belegte Backblech. Schiebe das Blech in den Backofen.
Laß die gebackenen Stiefel und Plätzchen vor dem Verzieren etwas auskühlen. Verrühre Puderzucker und Zitronensaft zu einer cremigen Masse und färbe diese ein. Streiche den Guß mit dem Backpinsel auf die Stiefel und Plätzchen und garniere sie mit den Süßigkeiten und dem Gebäckschmuck.

Backofen-Einstellung:
Ober-/Unterhitze: etwa 200 °C (vorgeheizt)
Heißluft: etwa 180 °C (nicht vorgeheizt)
Gas: Stufe 3-4 (vorgeheizt)
Backzeit: etwa 15 Minuten.

Tannenbäume

Dazu brauchst Du:

Für den Teig:
100 g weiche Butter
120 g braunen Zucker
1 Päckchen Vanillin-Zucker
2 Eier
1 Prise Jodsalz
1 gestrichenen TL gemahlenen Zimt
1 Messerspitze gemahlenen Anis
3 Tropfen Backöl Bittermandel
100 g abgezogene, geriebene Mandeln
350 g Weizenmehl (Type 405)
1 gestrichenen EL Backpulver

Zum Garnieren:
100 g Puderzucker
1-2 EL Orangensaft
Back- und Speisefarben
Kokosraspel, Süßigkeiten

Stelle bereit:

1 Rührschüssel
1 Handrührgerät mit Rührbesen/Frischhaltefolie
1 Mehlsieb/1 Teigrolle
evtl. Tannenbaum-Ausstechförmchen
1 Backblech/Backpapier
1 kleine Rührschüssel

Wetten, solch einen Weihnachtsschmuck habt Ihr noch nie gehabt! Und praktisch ist er außerdem, denn Ihr braucht ihn nach dem Fest nicht wieder wegzuräumen, sondern könnt die bunten Tannenbäumchen mit Euren Geschwistern und Freunden einfach aufessen.

1 dickere Stricknadel
1 Backpinsel

So wird's gemacht:

Für den Teig gib Butter, braunen Zucker, Vanillin-Zucker, Eier, Salz, Zimt, Anis und Backöl Bittermandel in die Rührschüssel und verrühre die Zutaten mit dem Handrührgerät mit Rührbesen. Mische Mehl und Backpulver, siebe es auf den Teig und rühre es

unter. Knete den Teig anschließend auf der bemehlten Arbeitsfläche mit den Händen nochmals gut durch. Wickele den Teig in Folie und lege ihn 1-2 Stunden in den Kühlschrank. Rolle den Teig auf der bemehlten Arbeitsfläche portionsweise etwa 3 mm dick aus. Steche mit Ausstechförmchen Tannenbäume aus oder schneide nach Deinen eigenen Vorstellungen Tannenbäume aus dem Teig und lege sie auf das mit Backpapier belegte Backblech. Schiebe das Blech in den Backofen und laß die Tannenbäume goldbraun backen. Steche in die noch warmen Plätzchen mit einer dickeren Stricknadel ein kleines Loch, damit Bändchen durchgezogen werden können. Lasse sie vor dem Verzieren etwas auskühlen. Verrühre Puderzucker und Orangensaft zu einer cremigen Masse. Färbe den Guß mit den Back- und Speisefarben und streiche ihn auf die Plätzchen. Bestreue die Tannenbäume z.B. mit Süßigkeiten oder Kokosraspeln. Hänge die Tannenbäume an den großen Weihnachtsbaum.

Backofen-Einstellung:
Ober-/Unterhitze: etwa 180 °C (vorgeheizt)
Heißluft: etwa 160 °C (nicht vorgeheizt)
Gas: etwa Stufe 3 (vorgeheizt)
Backzeit: 15-20 Minuten.

Funkelnde Sterntaler

Dazu brauchst Du:

Für den Teig:
3 Eigelb
1 Prise Jodsalz
125 g feinkörnigen Zucker
1 Päckchen Vanillin-Zucker
abgeriebene Schale von 2 Zitronen (unbehandelt)
200-250 g abgezogene, gemahlene Mandeln
1 Messerspitze Backpulver

Zum Ausrollen:
gemahlene Mandeln

Zum Garnieren:
100 g Puderzucker
1-2 EL Zitronensaft
silberne und goldene Perlen

Stelle bereit:

1 große Rührschüssel
1 Handrührgerät mit Rührbesen
1 Teigrolle
1 Backblech
Backpapier
1 Sternchenform
1 kleine Rührschüssel
1 Backpinsel

So wird's gemacht:

Gib Eigelb, Salz, Zucker, Vanillin-Zucker, Zitronenschale in die Schüssel und rühre mit dem Handrührgerät mit Rührbesen alle Zutaten cremig. Rühre soviel Mandeln unter, daß ein Brei entsteht. Rühre das Backpulver unter und knete dann den Rest der Mandeln unter, bis der Teig nicht mehr klebt. Streue Mandeln auf die Arbeitsfläche und rolle den Teig etwa ½ cm dick aus. Steche Sterne aus dem Teig und lege sie auf das mit Backpapier belegte Backblech. Schiebe das Blech in den Backofen.
Verrühre den Puderzucker mit dem Zitronensaft und streiche den Guß mit dem Backpinsel auf die Sterne. Bestreue die Zitronensterne mit silbernen und goldenen Perlen.

Backofen-Einstellung:
Ober-/Unterhitze: 170-200 °C (nicht vorgeheizt)
Heißluft: 160-170 °C (nicht vorgeheizt)
Gas: etwa Stufe 3 (vorgeheizt)
Backzeit: etwa 10 Minuten.

Sausende Schlitten

Dazu brauchst Du:

Für den Teig:
250 g Honig
100 g Zucker
500 g Weizenmehl (Type 550)
1 Päckchen Backpulver
2 gehäufte TL Kakao
1 gestrichenen TL gemahlenen Zimt
½ TL gemahlene Nelken
½ TL gemahlenen Anis
1 Messerspitze gemahlenen Kardamom
1 Prise Jodsalz
1 Eigelb
2 EL Mineralwasser

Zum Garnieren:
100 g Puderzucker
1-2 EL Zitronensaft
Gebäckschmuck, z.B. Schokoladenplätzchen, Schokostreusel, Smarties, Lakritz, Puderzucker

Stelle bereit:

1 Stieltopf
1 Rührschüssel
1 Handrührgerät mit Knethaken
1 Backblech
Backpapier

Diese Schlitten braucht Ihr gar nicht den Berg hochziehen. Sie werden ganz von alleine den Berg in Eure hungrigen Bäuche hinuntersausen. Und das schmeckt so richtig zum Abfahren!

1 kleine Schüssel
1 Backpinsel
1 Puderzuckersieb

So wird's gemacht:

Erwärme Honig und Zucker in einem Stieltopf und stelle ihn beiseite. Mische Mehl, Backpulver und Kakao und siebe das Gemisch in eine Rührschüssel. Füge die Gewürze, Salz, Eigelb und Mineralwasser hinzu. Schütte anschließend die Honig-Zucker-Masse dazu und verknete die Zutaten mit dem Handrührgerät mit Knethaken zu einem glatten Teig. Sollte er kleben, gib noch etwas Mehl hinzu. Stelle den Teig zugedeckt etwa 2 Stunden in den Kühlschrank. Teile den Teig in Stücke und rolle jedes Stück auf der bemehl-

ten Arbeitsfläche zu einer dicken "Wurst". Lege die Würste auf ein mit Backpapier belegtes Backblech und forme daraus wie auf dem Bild mehrere Schlitten. Schiebe das Blech in den Backofen. Laß die gebackenen Schlitten etwas abkühlen. Verrühre Puderzucker mit Zitronensaft zu einer cremigen Masse und bestreiche die Schlitten damit. Verziere die Schlitten mit dem Gebäckschmuck und den Süßigkeiten, die Du mit dem Guß festklebst. Wenn Du möchtest, kannst Du die Schlitten mit Puderzucker bestäuben.

Backofen-Einstellung:
Ober-/Unterhitze: etwa 200 °C (vorgeheizt)
Heißluft: etwa 170 °C (nicht vorgeheizt)
Gas: etwa Stufe 3-4 (vorgeheizt)
Backzeit: etwa 15-20 Minuten.

TIP

Du kannst aus dem Teig auch andere Dinge formen, z.B. Skier samt Skifahrer oder Tiere usw.

Weihnachtsmänner und -engel

Dazu brauchst Du:

Für den Teig:
200 g Weizenmehl (Type 405)
1 Messerspitze Backpulver
100 g gemahlene Haselnußkerne
70 g feinkörnigen Zucker
1 Prise Jodsalz
130 g kalte Butter oder Margarine
1 Ei

Zum Garnieren:
100 g Puderzucker
1-2 EL Zitronensaft
Back- und Speisefarbe
Gebäckschmuck, z.B. Zuckerstreusel

Stelle bereit:

1 große Rührschüssel
1 Mehlsieb
1 Handrührgerät mit Knethaken
Frischhaltefolie
1 Teigrolle
Ausstechförmchen
1 Backblech
Backpapier
1 kleine Schüssel
1 Backpinsel

Wer sagt denn, daß Weihnachtsmänner immer gleich aussehen? Weihnachtsmänner in Irland haben häufig rote Bärte, in Italien tragen sie einen schwarzen Schnurrbart und in Australien hat man sogar einen in Badeschlappen am Strand gesichtet!

So wird's gemacht:

Mische Mehl mit Backpulver und siebe es in die Schüssel. Füge Haselnüsse, Zucker, Salz, Butter oder Margarine und das Ei hinzu und verarbeite die Zutaten mit dem Handrührgerät mit Knethaken zu einem krümeligen Teig. Knete diesen auf der bemehlten Arbeitsfläche nochmals gut durch. Wickele den Teig in Folie und lege ihn 1-2 Stunden in den Kühlschrank. Rolle den Teig portionsweise auf der bemehlten Arbeitsfläche etwa 3 mm dick aus. Steche die Figuren aus und lege sie auf das mit Backpapier belegte Backblech. Schiebe das Blech in den Backofen.
Lasse die gebackenen Weihnachtsmänner etwas auskühlen. Zum Garnieren verrühre den Puderzucker mit dem Zitronensaft zu einer cremigen Masse und färbe sie mit den Back- und Speisefarben. Streiche den Guß mit dem Backpinsel auf die Plätzchen. Anschließend kannst Du die Weihnachtsmänner und -engel nach Deiner Phantasie dekorieren.

Backofen-Einstellung:
Ober-/Unterhitze: etwa 200 °C (vorgeheizt)
Heißluft: etwa 180 °C (nicht vorgeheizt)
Gas: Stufe 3-4 (vorgeheizt)
Backzeit: etwa 20 Minuten.

TIP

Die Weihnachtsmänner und -engel kannst Du auch als Päckchenanhänger benutzen. Bohre nach dem Backen ein Loch in die Plätzchen, durch das Du ein Bändchen ziehen kannst.

Berliner auf dem Blech

(etwa 20 Stück)

Dazu brauchst Du:

Für den Teig:
500 g Weizenmehl (Type 405)
1 Päckchen Trockenbackhefe
2 Eier
125 g weiche Butter oder Margarine
250 ml (1/4 l) lauwarme Milch
1 Prise Jodsalz
60 g feinkörnigen Zucker
1 Päckchen Vanillin-Zucker

Mensch Leute, wir haben die Idee! Füllt die Berliner statt mit Konfitüre oder Pflaumenmus mit einem Teelöffel Senf oder gar einem Stück Zwiebel oder Knoblauch! Wer da reinbeißt, der quiekt aber los!

Zum Füllen:
etwa 20 gehäufte TL Konfitüre oder Pflaumenmus

Zum Garnieren:
100 g Puderzucker
1-2 EL Zitronensaft
Gummibärchen, Smarties und was Dir sonst noch einfällt!

Stelle bereit:

1 große Rührschüssel
1 Mehlsieb
1 Handrührgerät mit Knethaken
1 Backblech
Backpapier
1 Backpinsel
1 Kuchenrost
1 kleine Schüssel
1 Backpinsel

So wird's gemacht:

Für den Teig siebe das Mehl in die Schüssel und vermische es sorgfältig mit der Trocken-Backhefe. Füge Eier, Butter oder Margarine, Milch, Salz, Zucker und Vanillin-Zucker hinzu. Verarbeite nun alle Zutaten mit dem Handrührgerät mit Knethaken zuerst auf niedrigster, dann auf höchster Stufe in etwa 5 Minuten zu einem glatten Teig. Laß den Teig abgedeckt an einem warmen Platz so lange gehen, bis er sich sichtbar vergrößert hat.
Nimm den Teig aus der Schüssel und knete ihn auf der bemehlten Arbeitsfläche nochmals gut durch. Forme eine Rolle und schneide etwa 20 gleichmäßige Scheiben ab. Drücke in jede Teigscheibe eine Vertiefung und fülle einen Teelöffel Konfitüre oder Pflaumenmus hinein. Drehe und drücke den Teigrand zusammen, so daß eine Kugel entsteht. Setze die Teigkugeln auf das mit Backpapier belegte Backblech und laß sie abgedeckt nochmals so lange gehen, bis sie sichtbar größer und luftig geworden sind.
Schiebe nun das Backblech in den Backofen und laß die Berliner goldgelb backen.
Lege sie zum Abkühlen auf einen Kuchenrost. Nach dem Abkühlen kannst Du mit der Dekoration beginnen. Verrühre Puderzucker und Zitronensaft zu einer cremigen Masse und streiche den Guß mit dem Backpinsel auf die Berliner und verziere sie mit Süßigkeiten.

Backofen-Einstellung:
Ober-/Unterhitze: etwa 200 °C (vorgeheizt)
Heißluft: etwa 180 °C (nicht vorgeheizt)
Gas: Stufe 3-4 (vorgeheizt)
Backzeit: etwa 20 Minuten.

TIP

Ihr könnt die Berliner auch in einer Friteuse ausbacken. Aber bitte nur zusammen mit Mutti oder Papi!

Glücksschweinchen und -mäuse

Dazu brauchst Du:

Für den Teig:
125 g Magerquark
4 EL Milch
4 EL Speiseöl
1 kleines Ei
50 g feinkörnigen Zucker
1 Päckchen Vanillin-Zucker
1 Messerspitze Jodsalz
250 g Weizenmehl (Type 405)
1 Päckchen Backpulver
100 g abgezogene, gemahlene Mandeln

Zum Garnieren:
1 Eigelb
1 EL Milch
Korinthen

Stelle bereit:

1 Rührschüssel
1 Handrührgerät mit Knethaken
1 Mehlsieb
1 Teigrolle
1 größeres Glas
1 kleineres Glas
1 Backpinsel
1 Backblech
Backpapier
1 Kuchenrost

Schwein gehabt?! Damit Ihr auch im neuen Jahr viel Schwein, das heißt Glück habt, backt sie Euch doch selbst.

So wird's gemacht:

Gib Quark, Milch, Öl, Ei, Zucker, Vanillin-Zucker und Salz in die Rührschüssel und verrühre die Zutaten mit dem Handrührgerät mit Knethaken. Mische Mehl mit Backpulver und siebe es dazu. Füge die Mandeln hinzu und knete alles gut unter.
Bestreue die Arbeitsfläche mit Mehl und rolle den Teig etwa 3 mm dick aus. Steche für je ein Schweinchen mit dem größeren Glas zwei Kreise aus. Halbiere einen Kreis für die Ohren. Für die Schnauze steche mit dem kleineren Glas einen Kreis aus. Verrühre das Eigelb mit der Milch und bestreiche alle Kreise damit. Und so entsteht ein Schweinchen: Lege einen kleinen auf einen großen Kreis (nicht in die Mitte, sondern etwas weiter nach unten, da wo Schweinchen eben ihre Schnauze haben). Drücke die Ohren an. Stecke zwei Korinthen als Augen über die Nase und piekse mit einer Stricknadel zwei Löcher in die Schnauze (typische Schweine-Steckdosen-Schnauze). Für die Mäuse rolle kleine Kugeln, drücke sie nach vorne spitz zu. Zupfe zwei Ohren aus Teig hoch, rolle ein kleines Schwänzchen und drücke es fest. Drücke Korinthen als Augen hinein. Setze die Schweinchen und Mäuse auf ein mit Backpapier belegtes Backblech. Verrühre Eigelb und Milch und bestreiche sie damit. Schiebe das Blech in den Backofen. Lasse die gebackenen Schweinchen und Mäuse auf einem Kuchenrost auskühlen.

Backofen-Einstellung:
Ober-/Unterhitze: etwa 170-200 °C (vorgeheizt)
Heißluft: 150-170 °C (nicht vorgeheizt)
Gas: Stufe 3-4 (vorgeheizt)
Backzeit: etwa 15-20 Minuten.

TIP

Wenn Du möchtest, kannst Du auch andere Tiere backen

Register